Die ganze Wahrheit über das Lügen. Ein Sachbuch voller Fakten, Tricks & Täuschungen
By Johannes Vogt and Felicitas Horstschäfer

© 2025 Beltz & Gelberg, in the publishing group Beltz- Weinheim Basel
Korean Translation © 2025 by BOOK 21 Publishing Co., Ltd.
All rights reserved.
The Korean language edition published by arrangement with
Julius Beltz GmbH&Co. KG through MOMO Agency, Seoul.

이 책의 한국어판 저작권은 모모 에이전시를 통해 Julius Beltz GmbH&Co. KG 사와의 독점 계약으로 ㈜북이십일에 있습니다.
저작권법에 의해 한국 내에서 보호를 받는 저작물이므로 무단전재와 무단복제를 금합니다.

거짓말은 정말 나쁜 걸까?

지은이 펠리치타스 호르스트셰퍼 | 요하네스 포크트
옮긴이 유영미

1판 1쇄 인쇄 2025년 9월 1일
1판 1쇄 발행 2025년 9월 17일

펴낸이 김영곤   펴낸곳 ㈜북이십일 아울북
TF팀 팀장 김종민
기획편집 신지예   마케팅 정성은 김지선
편집 김지혜   디자인 김단아
영업 정지은 한충희 장철용 강경남 황성진 김도연 이민재
제작 이영민 권경민   해외기획 최연순 소은선 홍희정

출판등록 2000년 5월 6일 제406-2003-061호
주소 (우 10881) 경기도 파주시 문발동 회동길 201
연락처 031-955-2100(대표) 031-955-2709(기획개발)
팩스 031-955-2789   홈페이지 www.book21.com

ISBN 978-11-7357-474-0 73330

· 제조연월: 2025. 9. 17.   · 제조자명: ㈜북이십일
· 주소 및 전화번호: 경기도 파주시 회동길 201 (문발동) / 031-955-2100
· 제조국명: 대한민국   · 사용연령: 3세 이상 어린이 제품

거짓말은 정말 나쁜 걸까?

착한 거짓말에서 뻔뻔한 거짓말까지

요하네스 포크트 · 펠리치타스 호르스트셰퍼 지음
유영미 옮김

아울북

> 내가 누구냐고?
> 나는 박사야, 횡설수설
> 코쟁이 박사란다.

이 책은 거짓말 책이에요. 약간의 우스갯소리를 곁들여 '거짓말에 관한 모든 것'을 이야기하려고 합니다. 모두가 진실일 거라고 생각하지만 그렇지 않은 사실도요. 그런 말들은 거짓말일까요? 아니면 거짓말이 아닐까요?

헷갈리나요? 거짓말은 생각보다 훨씬 미묘해요. 굉장히 재미있고 때로는 아주 쓸모 있답니다. 그럼에도 될 수 있으면 거짓말을 하지 말아야 할 이유도 있어요. 지금부터 우리가 알고 있는 모든 거짓말을 파헤쳐 봐요.

> 자,
> 나를 따라 와!

보통은 정직한 우리

사람은 웬만하면 진실을 말해요. 맞는 말 같죠? 누군가 여러분에게 "초콜릿 아이스크림 먹고 싶어? 아니면 딸기 아이스크림 먹고 싶어?"라고 묻는다고 해 봐요. 그럴 때 바보같이 거짓말하는 사람은 없잖아요.

보통은 거짓말하지 않고 진실을 말하기 때문에, 우리는 다른 사람들도 진실을 말할 거라고 생각해요. 서로 어울려 살 수 있는 건 이렇듯 서로를 믿기 때문이랍니다. 우리는 서로를 믿어 줘요. 일단은 서로가 하는 말을 믿어요.

바로 이렇게 믿어 주기 때문에 거짓말도 할 수 있는 거예요! 거짓말해도 그 말을 믿을 테니까 말이에요. 서로 믿으니까 간혹 속일 수 있죠.

사람은 하루에 두 번 정도 거짓말한다고 해요. 진짜 거짓말은 아니지만 절반쯤 거짓을 말할 때도 있는데, 그런 거짓말은 하루에 너덧 번 정도 한다는군요.

하지만 어지간하면 진실을 이야기하기 때문에 우리는 대부분 정직하다고 할 수 있어요. 때로는 그렇지 못하지만요.

넌 어떤 거짓말을 해 봤니? 또 얼마나 자주 거짓말 하니? 어떤 거짓말을 얼마나 자주하는지 알고 싶으면, 거짓말 일기를 써 봐. 일기장에 네가 한 거짓말을 기록해 놓는 거야. 하지만 거짓말 일기장은 잘 숨겨야 해! 누가 보면 거짓말이 탄로나니까….

거짓말의 탄생

최초의 거짓말은 아주 먼 옛날에 생겨났어요. 옛날에는 먹거리가 넉넉하지 않았잖아요. 누군가 밤에 배고파서 아무도 몰래 남은 고기를 먹었어요. 이튿날 다른 사람들이 그 고기를 찾으면 어떻게 하죠? "내가 먹어 버렸어."라고 솔직하게 말하면 화를 낼 텐데요. 그래서 핑계를 지어낼 수밖에 없었던 거예요.

꽤 영리한 일이죠! 힘이 약해서 평소에 고기를 제대로 차지하지 못했던 사람들에게 거짓말은 쓸모 있는 수단이 되었지요. 그래서 거짓말은 순식간에 널리 퍼졌어요.

그러다 보니 모두가 한결같이 거짓말을 하게 되었고, 아무도 다른 사람들을 믿지 못하게 되었어요. 함께 사냥을 가려고 하지 않아서 아예 매머드 고기를 먹을 수가 없게 되었답니다.

이런 문제를 해결하기 위해 곧 '양심의 가책'이라는 것이 생겨났어요. 양심의 가책도 순식간에 퍼져 나갔죠. 거짓말해서 죄책감이나 수치심이 느껴지면 정말 힘들잖아요. 하지만 이런 감정은 좋은 거예요! 우리가 거짓말을 너무 많이 하지 않도록 해 주니까요.

이게 다 거짓말일까?

허풍을 떨고, 속임수를 쓰고, 꾀를 부리고, 사기를 치고,
이야기를 지어내고, 부풀리고, 꾸미고, 과장하고, 숨기고,
착각하고, 본래 마음을 내비치지 않고….
진실을 말하지 않는 방법엔 여러 가지가 있어요.
그렇다면 이 모든 것이 거짓말일까요?

이건 거짓말이야!

사실과 다른 말이라고 다 거짓말은 아니에요. 그렇다면 거짓말이란 무엇일까요?
사실이 아닌 내용을 말이나 글로 전달하면 거짓말하는 거예요.

하지만 잘 몰라서 한 말은요? 그건 거짓말이 아니에요.
거짓말을 하려면 먼저 진짜 사실이 있어야 해요. 내가 그 사실을 알고 있어야 거짓말이 되는 거예요. 나는 사실을 알고 있는데 상대방이 모른다면 거짓말할 수 있지요!

사실을 숨기고 일부러 속일 때 거짓말하는 거랍니다.
하지만 사실이 아닌 말을 하며 일부러 장난친다는 걸 모두가 알고 있다면, 엄밀히 말해서 거짓말하는 건 아니에요. 우리는 농담하며 친구에게 장난치기도 하잖아요.

> 으아, 어떡해? 좀 어렵지? 하지만 걱정하지 마. 어떤 것이 진짜 거짓말이고 어떤 것이 거짓말이 아닌지는 대부분 저절로 느껴지거든.

> 거짓말 측정기로 거짓말을 재어 볼까? 공룡 발자국 장난은 어느 정도의 수준일까?

해가 없는 거짓말

괜찮은 거짓말

심한 거짓말

거짓말하면 기분이 어떨까?

언젠가 엄마에게 터무니없이 거짓말했던 기억이 나요. 정말 마음이 좋지 않았답니다. 내가 했던 거짓말이 아직도 기억나요. 여러분이라면 이런 거짓말을 믿었을까요?

나는 의자에 앉아 몸을 배배 꼬았어요. "엄마 내가 왜 이렇게 늦게 왔냐면 버스를 놓쳐서 그랬어. 왜냐면…," 나는 차가운 코를 긁적이며 몸을 좌우로 흔들었어요. "거기에 음, 그러니까 길거리에 커다란 동물이 있었는데, 버스 기사님이 그 동물을 쳤어…, 버스로 말이야," 나는 킥킥대면서 두 팔을 허우적거렸어요.

"맙소사! 끔찍해라. 근데 뭐가 웃겨?"

"아니, 웃기지 않아!" 나는 입술이 바짝 마르고, 얼굴이 화끈거렸어요!

"무슨 동물이었는데?"

나는 연신 눈을 끔뻑이며 다른 곳을 쳐다보았어요. 엄마와 눈을 맞추지 못했죠.

"그러니까…, 그러니까…" 그때 우연히 생물 책이 눈에 들어왔어요.

"달리는 오리였어!"

"달리는 오리?"

나는 다급하게 고개를 끄덕였어요. "응, 그래서 온갖 곳이 깃털투성이라 기사님이 앞을 볼 수가 없어서 사고가 난 곳에 멈춰 있었어…," 나는 침을 여러 번 삼키며 말을 이었어요.

"애고, 기사님 고생하셨네."

내 손은 식은땀이 나서 축축하고 차가워졌지요.

"어, 근데 나 지금 나가야 해. 엄마도 알다시피 축구 연습 있잖아. 그래서 숙제는 못 할 것 같아. 저… 어, 엄마가 대, 대신 사유서 써 줄 수 있어요?" 나는 더듬거리며 말했답니다.

"그래, 물론이지. 슈뢰더 선생님 안녕하세요. 어제 있었던 '달리는 오리 사고' 아시죠? 요한네스가 그 사고로 숙제를 못 했어요. 죄송합니다. 안녕히 계세요."

"음, 엄마 고마워요."

정말 기가 막혀!

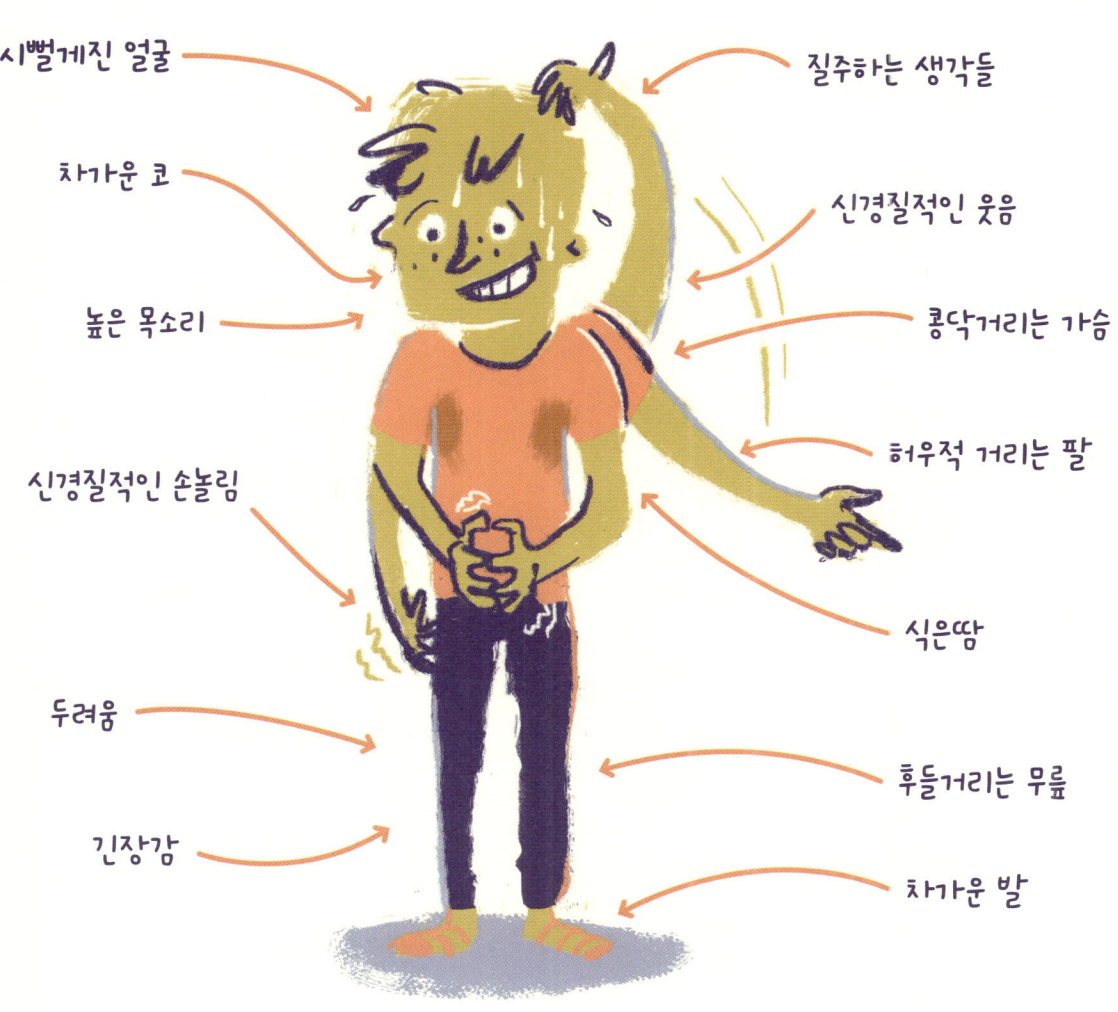

거짓말하는 건 쉽지 않아요. 거짓말할 때는 아무래도 스트레스를 받지요.
한 번 거짓말하면 그 거짓말을 들키지 않으려고 더 많은 거짓말을 하게 되곤 하는데 그럴수록 스트레스는 더 쌓여요. 게다가 들통날까 봐 계속 전전긍긍하게 되지요!
그러다 보면 기분이 엉망이 된답니다.

예의를 지키는 거짓말

다투면 안 돼요! 더구나 특별한 날에는요.
너무 솔직하게 하고 싶은 말을 다 하지 말고, 적당히 예의를 갖추세요.
사이좋게 지내는 게 중요하잖아요!

솔직하게 말해요!

하지만 솔직하게 말할 수도 있어야 해요. 특히나 가족 모임에서는요. 그러니 때로는 여러분이 생각하고 느끼는 것을 말해 봐요. 눈치 보지 말고요!

바빠서 같이 못 놀아 주니까 아이에게 너무 비싼 선물을 사 주게 되네….

휴, 이제 모두 돌아가서 다행이다!

그래서 나한테도 귀걸이를 선물한 건가!

부릉부릉

나 핸드폰 할래….

아, 난 플레이스테이션을 갖고 싶었다고.

다음은 크리스마스 펑크 송입니다!

그만 둬! 귀청 찢어지겠다.

좋은 거짓말

거짓말이 늘 나쁘기만 하다고 누가 그러던가요? 거짓말도 좋은 일을 할 수 있답니다! 사실을 말하는 편이 오히려 지루할 수 있어요. 심지어 갈등을 일으키기도 하고 상처를 줄 수도 있지요! 언제 거짓말하면 좋은지 알아 볼까요?

궁지에 몰렸을 때 하는 거짓말

사실대로 말해서 곤란했던 적 있나요? 그럴 때는 다른 방법을 떠올리는 게 좋아요! 곤란한 상황을 벗어나기 위해 어쩔 수 없이 거짓말해야 할 때가 있어요. 자기 자신이나 다른 사람들을 보호하려고 거짓말해 보지 않은 사람은 없을 거예요. 그런 거짓말은 때때로 피할 수 없답니다.

착한 거짓말

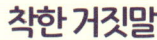

있는 그대로 말하면 간혹 민망한 상황을 만들 수도 있어요. 특히 어른들은 상대방의 기분을 생각해 꼭 진실이 아니라도 듣기에 좋은 말을 하곤 한답니다. 괜히 솔직히 말해서 기분을 망칠 필요가 없으니까요. 일본 등 여러 아시아 나라에서는 상대방을 배려하거나 기분이 상하지 않도록 일부러 거짓말을 하기도 해요. 이것을 '하얀 거짓말'이라고도 부른답니다.

재미있는 거짓말

있는 그대로 말하는 게 지루할 때가 있어요. 꾸며낸 이야기가 더 재미있지요. 모두 지어내지는 않더라도 사실에 약간의 거짓을 보태면 이야기가 훨씬 풍부해지는 경우가 있거든요. 사모아 같은 나라에서는 사실을 그냥 멋없이 늘어 놓는 것보다 이야기 형식으로 풀어내는 걸 더 가치 있게 생각한답니다. 이야기를 통해 배우면 머릿속에 쏙쏙 들어오니까 기억에도 더 잘 남아요. 무엇보다 재미있잖아요.

사람 사이를 이어 주는 거짓말

왜 거짓말을 할까요? 사람과 사람 사이에 껄끄러움이나 갈등을 피하려고 거짓말하는 경우가 가장 많을 거예요. 같은 의견을 내거나 같은 걸 좋아하면 얼굴을 붉히거나 다툴 일이 없지요. 하지만 의견이 같지 않더라도 같은 척한다면 다투지 않아도 되겠지요! 서로 사이좋게 잘 지내는 것이 진실을 말하는 것보다 더 중요할 때도 있으니까요. 그럴 땐 거짓말이 도움이 된답니다.

나쁜 거짓말

거짓말하는 것이 좋지 않을 때도 많아요. 사람들은 때로 주변 사람들에게 해를 끼치는 뻔뻔한 거짓말을 해요. 짜증 나고 바보 같은 거짓말도 있고요. 이런 거짓말을 할 때는 정말 해야 되는지 잘 생각해 보세요.

이익을 챙기기 위한 거짓말

흔히 뭔가를 정당하지 않게 가로채거나 누리려고 거짓말을 한답니다. 커다란 손해가 아니더라도 다른 친구가 여러분 때문에 손해를 본다면 그건 불공평한 일이에요.

해를 끼치는 거짓말

어떤 친구들은 더 괜찮은 사람처럼 보이려고, 혹은 친구 무리 속에 끼고 싶어서 안 좋은 말들을 퍼뜨리기도 해요. 정말 비열하고 상처를 주는 행동이랍니다. 그 말이 사실이 아닐 경우는 더더욱 그래요! 그건 따돌림이고, 절대 해서는 안 되는 일이에요.

허세 부리는 거짓말

주변 친구들이 나를 좋아하고 멋지게 생각해 주기를 간절히 원하다 보니, 거짓말을 섞어서 허세를 부리고 자랑할 때가 있어요. 뭐, 이해는 가지만 누가 허풍쟁이를 좋아하겠어요?

> 나는 종이비행기 접기의 <u>달인</u>이지! 역사상 최고라고!

> 모두 모두 보시라! 이제 최고의 비행을 보여줄 테니!

습관적으로 하는 거짓말

때로는 자신이 거짓말하는지도 알아차리지 못하고 거짓말하기도 해요. 그냥 늘 해왔으니까요. 좋은 습관은 아닐걸요. 앞으로 아무도 믿어 주지 않을 테니까요. 굳이 거짓말을 할 거면 적당한 이유가 있어야 하지 않겠어요?

이런 거짓말들은 얼마나 나쁠까요? 여러분이 보기에 어떤지 눈금에 표시해 보아요.

> 솔직히 말하려면 때로는 에너지가 필요해. 그래서 사람들은 보통 아침보다는 저녁에 거짓말을 많이 한다는군.

 정말 뻔뻔하다   나쁘다   짜증 난다   봐 줄 만하다

거짓말할까, 말까?

거짓말하면 기분이 좋지 않고 종종 들통날 걱정도 해요. 다른 사람에게 해를 끼치게 될 수도 있고요. 하지만 가끔은 사실대로 말해도 유쾌하지도 않고, 상대방이 좋아하지도 않아요. 오히려 문제를 만들기도 한답니다.

⚠️ 힘센 애가 겁을 주고,
못되게 굴면 반드시 어른에게 이야기하렴!

⚠️ 싫은데도 어른이 억지로 네 몸을 만지면서
아무에게도 말하지 말라고 하면
믿을 수 있는 사람에게 꼭 알려야 해.

⚠️ 몸이 아플 때는 어디가 어떻게 아픈지,
의사 선생님에게 있는 그대로 말해야 해.
그래야 도움을 받을 수 있거든.

⚠️ 성냥으로 불장난을 하다가 손쓸 수 없이 불이 커졌다면,
몰래 도망치지 말고 얼른 도움을 청해야 해!

어떻게 하면 솔직히 말할 수 있을까?
54쪽에 방법이 나와 있어.

진정한 우정은 뭘까?

친구라면 서로에게 늘 솔직해야 하지 않을까요? 하지만 솔직하기만 해서는 좋은 사이가 될 수 없을지도 몰라요. 때로는 배려가 담긴 작은 거짓말이 친구 사이를 더 돈독하게 만들어 주거든요. 친구를 칭찬하고, 장점을 보고, 잘못을 숨겨 주고, 다투지 않고, 서로 사이좋게 지내려면 약간의 거짓말이 필요하기도 해요. 그러면 친구들이 여러분을 좋아할 거예요! 솔직한 친구는 그렇게 인기가 많지 않거든요. 하지만 늘 솔직하게 말하는 사람은 용기 있고 믿음직한 사람으로 인정받지요.

한 번쯤 이런 경험이 있을지도 몰라요. 친구에게 놀자고 했는데 시간이 없다고 했어요. 그런데 나중에 알고 보니 그 시간에 다른 친구랑 놀고 있었던 거예요. 그러면 기분이 어떨 거 같나요?

대부분의 사람들은 친구 사이에서 솔직함이 가장 중요하다고 생각해. 너도 그렇게 생각하니?

아야!

여러분의 마음을 잘 알고 말이 통하는 친구가 있나요? 그 친구가 여러분에게 거짓말하면 기분이 어떨 것 같은지 이야기해 봐요. 친구가 어떻게 하면 여러분의 마음이 누그러질까요? 친구의 말도 잘 들어 봐요. 친구를 용서할 수 있다면, 계속 친구로 지낼 수 있을 거예요. 하지만 용서할 수 없거나 너무 자주 거짓말을 한다면, 그 친구와 계속 친하게 지낼지 생각해 보세요.

27

거짓말로 해결할 수 있을까?

거짓말로 세상을 속인다면 살아가는 게 더 쉬울까요?
한번 실험해 봐요. 여러분이 수학에서 80점을 받았다고 쳐요.
여러분의 부모님은 70점만 받아도 자랑스러워 하실지 몰라요.
정말로 그런 점수를 받아도 부모님이 자랑스러워했으면 좋겠네요.
그런데 수학에서 0점을 받았다고 거짓말했어요.
너무 티나지 않게 0점이 아니라 40점이라고요.
그 거짓말을 듣고도 부모님은 칭찬했답니다!
잘 된 건가요? 아니면?

어머, 우리 아들!

거짓말 동화

옛날에 한 임금님이 살았어요. 임금님은 성격이 아주 불같아서 마음에 안 드는 일이 있으면 길길이 날뛰며 화를 냈어요. 한번은 곡식의 수확량이 형편없다는 걸 알고 소리 지르며 농사를 맡은 대신을 몰아세웠죠. 또 전령이 임금님의 군대가 전투에서 패했다는 소식을 전하자, 임금님은 그 자리에서 전령의 목을 베어버리고 말았답니다.

그러다 보니 모든 신하는 임금님의 비위를 맞추려 애썼고, 임금님이 싫어할 만한 소식은 최대한 감추었어요. 재무를 맡은 대신은 임금님에게 나라의 돈이 계속 늘어나고 있다고 거짓말했죠. 농사를 맡은 대신은 곡식을 실은 수레들이 세 번 연거푸 임금님 앞을 지나가게 하여, 곡식의 양이 세 배로 많은 것처럼 보이게 했어요. 장군은 오직 승리의 소식만 전했어요. 궁정 화가는 겨울에도 여름 풍경을 그려 임금님의 창문 앞에 걸어 놓아, 임금님이 늘 여름이라고 믿게끔 했답니다. 신하들은 임금님이 노할까 봐 겁이 나서, 입에 침도 안 바르고 끝도 없이 거짓말을 늘어놓았어요.

모든 것이 본인이 원했던 대로 돌아가자, 임금님은 기뻐했어요. 나라에 돈이 쌓이고 있다고 생각해 펑펑 썼고, 풍년이 들었다고 생각해 이웃 나라에 곡식을 팔았지요. 그리고 늘 이긴다고 생각해 계속해서 군대를 전쟁에 내보냈어요. 항상 여름이라고 생각해 배를 드러내고 얇은 옷차림으로 돌아다녔고요.

어떻게 되었을지 짐작할 수 있겠지요? 얼마 가지 않아 나라는 망하기 직전에 이르렀고, 백성들은 굶주리기 시작했어요. 외국 군대가 성을 포위했고, 임금님은 심한 독감에 걸려 콜록거렸습니다. 그제야 나라 상황을 알게 된 임금님은 노발대발 성냈고, 모두가 임금님을 피해 숨는 바람에 완전히 외톨이가 되었습니다.

"아, 내 나라가 어떤 형편에 처했는지를 누가 제때 알려 주었더라면 얼마나 좋았을까" 임금님은 탄식했어요.

그때 아주 작고 마른 몸에, 알록달록한 옷을 입고 우스꽝스러운 모자를 쓴 사람이 왕의 방으로 폴짝 뛰어 들어오더니 엄청난 일을 저질렀어요. 바로바로 대놓고 임금님을 비웃었지요. 그 자그마한 사람은 바닥을 데굴데굴 구르며 재미있다는 듯 손뼉을 쳤어요.

"임금님은 다 잘되고 있다고 생각했죠. 하지만 진실은 뭐였나요, 잘되고 있는 게 하나도 없었죠? 승리도 없고, 먹을 것도 없고, 돈도 없고, 여름도 아니고! 위대한 임금님, 당신은 바보예요, 정말 멍청해요! 임금님은 자신이 고래고래 지르는 소리밖에 들리지 않는 메아리의 방에 갇혀 계시잖아요!"

"그럼 자네가 내게 내 나라가 어떤 형편인지 늘 이야기해 줄 수 있겠느냐?"
왕이 물었어요.

"물론이죠. 쉬워요. 하지만 그 소리를 듣고 설마 제 목을 베시는 건 아니겠지요?"
임금님은 목을 베지 않겠다고 약속을 했어요. 광대는 말했어요.

"제게 탑 꼭대기에 있는 방 하나와 이 나라에서 제일 멋진 당나귀를 주세요! 그러면 제가 이 나라의 형편을 꼼꼼히 살피겠습니다."

그렇게 임금님과 광대는 계약을 맺었어요. 광대는 늘 진실만을 말해야 했어요. 그리고 임금님은 광대가 하는 말이 마음에 안 들더라도, 그의 목을 베거나 호통을 쳐서는 안 되었죠.

재무와 농사를 맡은 대신들과 장군들, 궁정 화가가 임금님이 웬 떠돌이 광대의 말에 휘둘린다고 생각하지 않도록, 광대는 언제나 모든 말을 농담처럼 해야 했어요. 그건 아주 좋은 방법이었답니다. 덕분에 궁정의 분위기가 아주 밝아졌기 때문이죠.

그렇게 그들은 함께 나라를 다시금 바로 세웠어요. 금고와 곡식 창고를 채우고, 전쟁을 끝내고, 드디어 임금님에게 겨울옷도 준비해 주었죠. 행복하고 솔직하게 오래오래 살았답니다.

거짓말 아닌 거짓말

세상에는 사실은 아니지만 그렇다고 거짓말도 아닌 것들이 있어요. 그런 것들은 꽤 많답니다! 예를 들어 농담이 그래요. 농담은 사실은 아니지만 아무도 그걸 진짜라고 믿는 사람도 없어요. 진짜라고 믿는다면 웃기지도 않을 거예요.

와, 진짜 감동적이야!

로미오!

사실이 아닌 걸 사실처럼 속이는 일을 직업으로 삼은 사람들도 있어요. 사랑에 푹 빠진 척하기도 하고, 마법의 힘을 가진 사람처럼 행동하기도 하지요. 바로 배우들이에요. 그럴듯하게 연기를 하면 사람들은 열광하고 감동한답니다.

우리는 동화, 드라마, 만화, 소설처럼 상상의 세계와 지어낸 인물들이 등장하는 이야기를 좋아해요. 등장인물과 더불어 가슴 졸이며, 함께 기뻐하고 슬퍼하지요. 등장인물을 마치 살아 있는 사람처럼 느끼는 거예요.

거짓말도
머리가 좋아야 한다고?

거짓말을 하려면 몇 가지 능력이 있어야 해요. 머리가 잘 돌아가야 하고, 상대방의 마음을 들여다볼 수 있어야 하고, 본마음을 숨기고 연기도 잘해야 하지요. 그래서 거짓말쟁이들은 굉장히 영리하고, 공감 능력이 뛰어나고, 훌륭한 연기자인 경우가 많아요. 오해하지 말아요. 영리하고 공감 능력이 좋은 배우는 죄다 뻔뻔한 거짓말쟁이라는 뜻은 아니니까요! 하지만 대단한 연기자나 최고의 거짓말쟁이는 비슷한 능력을 가지고 있답니다.

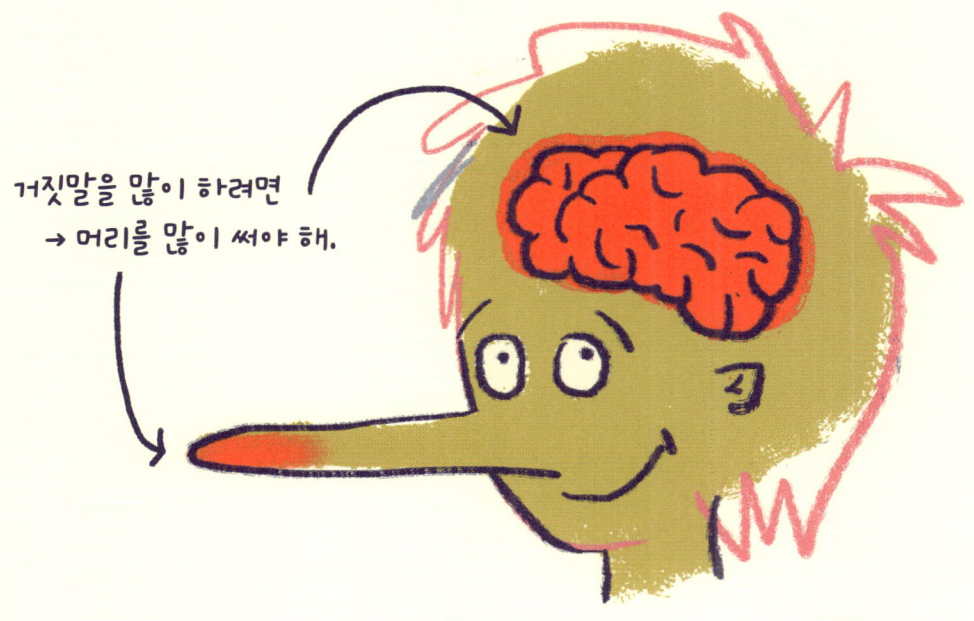

거짓말하려면 뛰어난 능력이 필요하지만, 거짓말하면서 연습할 수도 있어요. 계속하다 보면 점점 더 잘하게 되니까요. 연습을 통해 능력이 향상되는 거죠.

부지런히 거짓말하기를 연습하다 보면 여러분은 공감 능력이 좋아지고, 상상력이 풍부해지고, 영리해지고, 기억력이 좋아지고, 좋은 배우도 될 수 있을 거예요. 이런 능력들을 갖고 싶지 않나요? 예를 들어 작가나 발명가가 되려면 상상력이 필요해요. 그리고 공감 능력이 좋은 사람은 남을 더 잘 도울 수 있고요.

거짓말할 때 필요한 능력?

거짓말하는 건 꽤 어려워요.
어떤 능력을 갖추어야 하는지 알려 줄게요.

사람들이 어떤 생각을 하는지 이해해야 해요.
상대방이 무슨 생각을 하는지 상상할 수 있어야,
그 사람에게 거짓말 했을 때 어떻게 행동할지
예상할 수 있어요. 이런 능력을 '마음 이론'이라
불러요. 아이들은 다섯 살 때쯤부터 이 능력이
생기고, 몇몇 원숭이들도 가지고 있지요.

상상력과 사고력도 필요해요.
거짓말이 그럴듯하게 들리도록
자세하고 믿을만한 이야기를
지어내야 하기 때문이죠. 하지만
너무 부풀리지 않도록 조심하세요!
터무니없게 들리지 않아야 하니까요.

다른 사람의 처지에 공감하는 능력도 필요해요.
상대방의 감정을 알고 헤아릴 수 있어야 해요.
어떤 걸 필요로 하는지, 무슨 말을 듣고 싶어 하는지,
어떤 말을 믿을지 빨리 알 수 있거든요.
거짓말할 때 유용하게 활용할 수 있는 능력이에요.
이런 능력을 '공감 능력'이라고 해요. 사람의 공감 능력은
약 다섯 살 정도부터 발달한답니다.

뛰어난 기억력도 필요해요.
누구에게 무슨 말을 했는지 기억하고 있어야 하니까요.
연이어 거짓말하다 보면 내가 무슨 말을 했는지 점점
기억하기 어려워져요. 그래서 거짓말하려면 사실도
일일이 머릿속에 다 꿰고 있어야 해요.
그래야 적절한 거짓 설명을 준비할 수 있으니까요.

스스로를 통제할 수 있어야 해요.
자꾸 눈을 깜박인다거나 코를 만지는 등
엉뚱한 행동을 하는 바람에 거짓말이
탄로 날 수도 있어요. 피곤하거나
정신이 산만한 상태라면 잘못해서
비밀을 불어버리지 않도록 조심해요.
하면 안 되는 말이 툭 튀어나올 수도
있으니까요. 우리의 뇌는 기본적으로
진실을 이야기하기 때문에 그런 일이
일어날 수 있답니다.

연기를 잘해야 해요.
거짓 감정을 짐짓 진짜인 것처럼 보여 주어야 해요.
슬프지 않은데도 눈물을 글썽이거나 화가 났는데도
즐거운 척할 수 있나요?

후유! 만만한 일이 아니로군.

최고의 거짓말

어떤 거짓말은 아주 솔깃해서 거짓말인 줄도 모르고 그냥 믿게 돼요.
그래서 거짓말에 쉽게 걸려들어 속고 있다는 걸 알아차리지 못하죠.

완벽한 거짓말

거짓말하는 사람이 모든 걸 짜 맞춰서 전혀 이상하게 느껴지지 않는 거짓말이 있어요. 자세히 들여다봐도 모든 게 말이 되고, 작은 부분까지도 딱 맞아떨어져요. 의심할 이유가 없어요! 그런 거짓말을 지어내 본 적 있나요?

신뢰를 이용하는 거짓말

거짓말하는 사람이 우리가 정말 신뢰하는 사람이라고 생각해 봐요. 우리는 그 사람이 말하는 건 무엇이든 믿지요. 그를 믿기에 깊이 생각해 보지도 않아요. 신뢰를 이용하는 거짓말은 특히나 나빠요. 하지만 아주 잘 통하지요.

눈에 띄지 않는 거짓말

아주 평범하고 특별할 것이 없어서
진짜로 그런지 한번 의심도 하지 않고,
별생각 없이 넘어가게 되는 거짓말이 있어요.
여러분도 그런 거짓말을 해 본 적 있나요?

집단적 거짓말

모두 믿는 거짓말이 있어요. 모두가 다 믿으면
그 말이 정말 맞는지, 틀린지 확인할 생각을
하지 못해요. 그래서 어느 순간 더 이상
아무도 원래의 진실을 알지 못하게 돼요.
이런 집단적 거짓말에는 무엇이 있을까요?

거짓말 챔피언

거짓말을 잘하는 사람은 많이 있어요. 그중 최고는 누구일까요?
여기 거짓말 챔피언 후보들을 소개할게요.

거짓말의 상징
피노키오

세상에! 피노키오는 거짓말을 할 때마다 코가 조금씩 길어져서 모두가 거짓말한다는 걸 알아챌 수 있답니다. 그래서 '거짓말쟁이'라고 하면 모두 피노키오를 떠올리게 되었지요.

프로 거짓말쟁이
여러분의 부모님

텔레비전을 많이 보면 정말로 눈이 사각형으로 변할까요? 브로콜리가 너무나도 맛있다고요? 이런 거짓말을 눈썹 하나 까닥하지 않고 하지요. 하지만 모두가 다 여러분을 위해서 하는 말이니 참아 주기로 합시다!

공부 대신 거짓말하는 사람
돌팔이 의사

거짓말로 직업을 속이는 사람들이 있어요. 어떤 사람은 의사가 되고 싶어서 졸업장을 조작하고, 병원까지 빌려서 환자를 진료하기도 했답니다. 심지어 몇 년간 그렇게 환자들을 속였던 사람도 있어요!

거짓말을 가장 많이 하는 시기
청년기

어린이집이나 유치원에 다니는 꼬마들은 진실과 거짓을 잘 구분하지 못해요. 여섯 살쯤 되고부터는 거짓말도 곧잘 할 수 있게 된답니다. 그런데 살면서 거짓말을 가장 자주 하는 시기는 바로 20~30대라고 해요. 젊은 어른들 말이에요.

바다의 거짓말쟁이
블루베어 선장*

나이든 푸른 곰이 모험 가득한 이야기를 들려주지요. 기발하게 지어낸 이야기예요. 사실과 관계없이 모든 이야기가 매우 재미있답니다.

*독일의 동화 《캡틴 블루베어와 13과 1/2 인생》에 나오는 선장을 말해요.

가짜 그림을 판매한 사람들
볼프강과 헬레네 벨트라키

이 두 사람은 유명 화가들의 그림을 위조해서 엄청난 돈을 받고 팔았어요. 들통나서 벌을 받기는 했지만 이들이 판매한 그림을 다 찾아낸 건 아니어서 어떤 미술관에는 가짜 그림이 걸려 있을지도 몰라요.

눈덩이같이 불어나는 거짓말

스스로에게 하는 거짓말

때로는 거짓말이 기분 좋게 느껴지기도 해요. 그래서 사실이 아니라는 걸 알면서도 혹은 사실이 아닐 거라고 어렴풋이 짐작하면서도 거짓말을 믿어 버리지요. 그 거짓말이 진짜였으면 해서 무턱대고 믿어서 스스로를 속이는 거예요.

괜찮을 거야!

지구가 점점 더 뜨거워진다고? 에이, 그렇게 심각하진 않을 거야. 정말 심각하다면 우리의 생활 방식을 완전히 바꿔야 할 텐데. 그러긴 싫다고. 그러니 제발 나한테 그런 얘기 좀 하지 마!

다른 사람들 탓이야!

세상에는 정말 복잡한 문제들이 있지만 다행히 간단히 해결할 수 있어. 다른 사람들 잘못이지 절대로 내 잘못이 아니거든!

아-아-아주 건강에 좋아!

달콤한 과자와 사탕이 건강에 좋다고? 비타민과 우유가 들어 있다고? 심지어 살도 빠진다고?

내가 가장 자주 속는 거짓말이야!

물론 자신이나 다른 사람을 속인다고 생각하는 사람은 없을 거예요. 우리는 대부분 스스로가 정직하고, 공정하고, 친절한 사람이라고 믿고 있어요. 자신을 그렇게 생각하는 거예요. 그래서 거짓말할 때면 자신이 생각하는 자신의 모습과 달라서 기분이 나빠져요. 그런 모순을 해결하려고 정당화하고 합리화하지요. 그렇게 하면서 또다시 스스로를 속이는 것이지만 그래도 기분이 조금은 나아진답니다.

> 대부분의 사람들은 자신이 다른 사람들보다 더 정직하다고 생각해. 하지만 그건 아닐 거야.

- 걸리면 벌금 내지 뭐.
- 평소엔 이 자리에 절대 세우지 않는데 말이야….
- 장애인 차가 세워져 있는 거 한 번도 못 봤어.
- 오늘은 정말 스트레스가 많은 날이었어.
- 이 자리 말고는 주차장에 자리가 하나도 없잖아!

인터넷 속 거짓말

인터넷에는 근사한 것이 많아요. 도움이 될만한 정보도 있고요.
하지만 소문이나 절반만 맞는 정보, 또 완전히 터무니없는 이야기도 많이 돌아다니죠.
누구든 원하면 글을 써서 올리지만 아무도 사실인지 거짓인지 확인하지 않기
때문이에요. 뭐가 맞는 말이고 뭐가 틀린 말인지 구분하기 쉽지 않답니다.

연예인은 사람들이 궁금해하는 사람이죠. 하지만 늘 흥미로운 기삿거리가 있는 건 아니어서 이야기를 지어내기도 한답니다.

광고는 별의별 것을 다 약속해요. 광고에 나오는 상품을 사거나 어디선가 상품을 클릭하게끔 만들어요.

저 사람들은 고양이 고기를 먹는대!

— 야옹

껌을 삼키면 위에 껌이 달라붙는대.

내 이름은 라라, 열두 살이에요.

외국인을 혐오하도록 부추기는 사람들이 있어요. 그런 사람들은 외국인들에 대해 새빨간 거짓말을 퍼뜨리고 다녀요.

으스스한 괴담은 학교 운동장이나 인터넷에서 정말 빠르게 퍼져 나가요. 종종 이미 사실이 아닌 것으로 밝혀졌는데도 계속 번지곤 하지요.

인터넷에서 다른 사람인 척하는 일은 아주 쉽답니다. 온라인에서 친구를 만들 때는 조심해야 해요. 상대방이 정말로 어떤 사람인지 잘 알지 못하니까요!

인터넷에 있는 걸 다 믿어서는 안 돼! 비판적으로 생각하고 출처를 확인하렴. 또 온라인 팩트 체크 도구를 활용하는 게 좋단다.

겉모습에 속지 말아요!

사람들은 모두 자신의 모습이 다른 사람들에게 어떻게 보일지에 신경을 쓴답니다. 될 수 있으면 잘 보이고 싶어서 옷차림에도 신경을 쓰지요. 옷만 바꿔 입어도 발랄한 스케이터에서 똑똑한 공붓벌레로 순식간에 이미지가 달라져요. 겉모습을 확 바꿔 보세요. 재미있을 거예요.

옷차림은 누가 무슨 일을 하는지 알려 주기도 해요. 판사는 판사의 옷을, 환경미화원은 환경미화원의 옷을 입어요. 옛날 일본에서는 무사도 특별한 복장이 있었지요.
그래서 옷차림으로 사람들을 속일 수도 있어요! 카니발 축제 때에는 일부러 이상한 옷을 입지만 평소에도 옷차림으로 사람을 헷갈리게 하는 거예요. 그래서 어른들의 경우 경찰이 아닌 사람이 경찰 제복을 입는 건 법으로 금지한답니다.

경찰에 쫓기는 범죄자들은 사람들이 알아볼 수 없도록 변장하기도 해요. 머리 모양을 바꾸거나 수염을 붙이고, 안경을 쓰거나 모자를 쓰는 식으로 말이에요. 여러분도 이런 도구들을 이용해 겉모습을 한번 바꿔 보세요. 친구들도 알아보지 못하도록 변장할 수 있나요?

누구나 사진을 쉽게 수정할 수 있어요. 셀카를 찍고 귀여운 고양이 귀를 달거나 코를 높이고, 턱을 갸름하게 만들 수 있지요. 이렇게 하면 누군가를 속이는 걸까요? 얼굴 전체를 모두 바꾼다면 그 모습은 여전히 나일까요?

젊은 사람들의 1/3은 소셜 미디어에 사진을 올리기 전에 보정한대.

얍, 얍!

매직 필터

억지로 진실을 밝혀낼 수 있을까?

사람이 거짓말하고 있는지는 어떻게 알아낼 수 있을까요? 이를 위해 과학자들은 거짓말 탐지기를 발명했어요. 거짓말할 때 스트레스를 받는다는 점에서 아이디어를 얻었지요. 사람이 말을 할 때 얼마나 스트레스를 받는지 거짓말 탐지기로 알아내는 거예요. 의심받는 사람의 손가락과 가슴에 장치를 붙이고 호흡과 심장박동, 땀을 측정해요. 그러면 몸의 변화로 그 사람이 거짓말을 하고 있는지를 알 수 있어요.

하지만 아쉽게도 문제가 있어요. 거짓말을 할 때뿐 아니라, 몸에 장치를 붙인 채 불쾌한 질문을 받으면 몸은 스트레스 반응을 보일 테니까요. 그래서 거짓말하지 않는데도 거짓말 탐지기가 반응할 수 있답니다. 이와 반대로 노련한 거짓말쟁이들은 거짓말할 때도 스트레스를 받지 않아요. 거짓말하는데도 거짓말 탐지기가 아무것도 측정하지 못하는 거예요. 기계로 거짓말을 탐지한다는 건 좋은 아이디어이지만 신뢰하기는 힘들답니다.

옛날에는 진실을 알아내려고 거짓말 탐지기보다 더 심한 방법을 쓰기도 했어요. 바로 힘으로 협박하거나 고문을 했죠. 물론 이 방법은 위험하고 법으로 금지된 행동이에요. 하지만 그냥 한번 생각해 봐요. 고문해서 진실을 알아낼 수 있을까요?

옛날에는 이런 폭력적인 방법을 자주 사용했답니다. 고문하면 사람들은 고통을 견딜 수 없어 그냥 모든 것을 이야기하니까요. 아울러 고통을 멈추기 위해 사실이 아닌 것도 그냥 다 인정해 버려요. 비밀을 털어놓을 뿐 아니라, 비밀이 없어도 비밀을 지어내요. 그래서 어떤 말이 진실인지 아닌지 알지 못하게 돼죠. 진실을 밝히는데 폭력이나 고문은 절대로 좋은 방법이 아니랍니다.

거짓말을 알아내는 방법

여러분이 누가 거짓말을 하고, 누가 진실을 말하는지 알아내야 한다고요?
생각만큼 쉽지는 않을 텐데요. 탐정이나 경찰, 여러분의 부모님 같은 노련한
사람들은 예리한 판단력과 관찰력, 논리로 거짓말하는 사람들을 금세 알아채곤 해요.

사실은 무엇을 말해 주나요?

실제로 무슨 일이 일어났는지를 증명하는 단서를 찾아봐요. 세세한 내용에 신경을 쓰고요. 단서를 통해 알 수 있는 것과 알 수 없는 것은 무엇인가요? 그다음에는 누군가가 일어난 일을 보거나 들었는지 확인해요. 될 수 있으면 목격자들에게 각각 따로 질문하고, 누가, 언제, 어디에 있었는지 써 놓아요. 누가 증인이고, 누가 의심 가는 사람인지 - 의심 가는 사람을 편하게 용의자라고 부를게요 - 벌써 짐작이 가나요?

이야기 속에 오류가 있나요?

꼼꼼히 질문해 봐요. 모든 증인과 용의자의 이야기를 따로따로 세심히 들어요. 그 이야기들이 증거와 맞아떨어지나요? 모든 이야기를 시간을 거꾸로 해서 뒷부분부터 다시 말해 달라고 하세요. 그럴 때 갑자기 앞뒤가 맞지 않는 말이 드러나나요? 처음에는 여러분이 무슨 생각을 하는지 용의자 앞에서 티를 내지 않는 게 좋아요. 그래야 용의자가 그다지 조심하지 않거든요.

몸짓이 수상쩍지는 않나요?

용의자가 이상하게 긴장한 것 같은가요? 그가 여러분의 눈을 쳐다 보지 못하고 눈길을 피하나요? 이유 없이 킥킥거리나요? 15쪽에서 읽었던 모든 것이 거짓말일 수 있어요! 조사는 팀으로 하는 게 좋아요! 그러면 한 사람은 용의자가 하는 말에 주의를 기울이고, 다른 사람은 몸짓에 신경을 쓸 수 있지요. 용의자가 동시에 이 두 가지를 살피기 쉽지 않거든요.

정말 확실한가요?

때로는 용의자가 자백하기도 해요. 또 용의자가 무죄라는 게 밝혀지기도 하죠. 증거가 많은 데도 용의자가 끝까지 죄를 인정하지 않을 때도 있어요. 모든 사람이 그가 거짓말을 한다고 느끼지만 확실히 증명할 수 없을 때도 있고요. 하지만 명백한 증거가 있거나 용의자가 자백해야 거짓말했는지가 확실히 드러나게 된답니다.

이제는 솔직해질 시간이에요.

진실을 말하기 어려울 때가 있어요. 부끄럽거나 걱정이 될 때는 더욱 그렇지요. 게다가 이미 한 거짓말을 뒤집고 진실을 털어놓는 건 특히나 어려워요. 정직하려면 때로는 큰 용기가 필요합니다! 어떻게 하면 솔직하게 진실을 이야기할 수 있을까요? 여기서 몇 가지 조언을 해 줄게요.

상대방이 귀를 기울이게끔 해요. 예를 들면 이렇게 말하는 거죠. "나, 중요한 이야기를 하고 싶어!"

될 수 있는 한 진실을 말해요. 완벽할 필요는 없어요. 여러분이 중요하게 생각하는 게 무엇인가요?

여러분이 느끼는 걸 말하고 표현해요. 그래야 상대방이 여러분을 진정으로 이해할 수 있어요.

여러분이 한 말에 상대방이 뭐라고 하는지 잘 들어요. 여러분도 상대방을 이해할 수 있나요? 궁금한 점은 솔직히 물어봐요!

진실을 말하는 건 어렵지만 말하고 나면 마음이 한결 가볍고 편해질 거예요.
용기를 내서 솔직하게 말한 자신이 자랑스러울 뿐만 아니라
상대방과 사이가 더 좋아지지 않을까요?

거짓말 연습하기

자, 이제 배운 것을 행동으로 옮길 차례예요! 배운 건 연습해야 하거든요.
거짓말도 그래요. 잘하려면 연습이 필요합니다. 자, 시작해 볼까요!

1. 대상을 찾아요.

누구에게 거짓말해 볼까요? 여러분이 거짓말 연습 중이라는 걸 알고 여러분의 거짓말을 나쁘게 받아들이지 않을 사람을 골라 봐요.

2. 어떤 거짓말을 할지 생각해요.

너무 놀라거나 상처받지 않게 해야 해요. 여러분이 상대방이라면 어느 정도로 거짓말하는 게 괜찮을지 잘 생각해 봐요.

3. 거짓말해요.

어떤 거짓말을 할지 생각해요. 지어낸 이야기를 다 외웠나요? 그러면 이제 거짓 감정을 곁들여 거짓말을 실행에 옮겨 봐요.

4. 진실을 밝혀요

상대방이 감쪽같이 속아 넘어갔나요? 축하해요! 하지만 이제는 거짓말이었음을 밝히고 속여서 얻은 것이 있다면 돌려 주세요.

여러분은 완벽하게 거짓말하는 방법뿐 아니라,
때로는 어렵더라도 진실을 고백하는 법도 배웠어요.

이제 진실을 말할지, 거짓말할지는 여러분에게 달려 있지요.
선택은 여러분의 것이고 상황에 맞추어 맘대로 결정할 수 있어요.
하지만 거짓말할까, 진실을 말할까 고민하지 않도록
여기 횡설수설 코쟁이 박사의 마지막 조언을 들어 보세요.

대부분 솔직하게
진실을 말하는 것이 자기 자신과
다른 모든 사람들에게 좋단다.

하지만 '이런 때는 거짓말을
하는 게 나을 거야.'라고 친구들에게
필요한 상황이라면 양심의 가책 없이
거짓말을 해도 된단다. 자, 그럼 시작해 봐.
그리고 항상 즐겁게 지내렴!

그럼, 거짓말을
시작해 볼까?